TRAITÉ D'HARMONIE

THÉORIQUE ET PRATIQUE

A l'usage des Pianistes, Organistes,
Sociétés chorales, Fanfares, etc.

Comprenant : l'étude des intervalles, des accords consonnants et dissonnants, de leurs enchaînements, des notes réelles et de passage, des retards, des altérations d'accords, etc., etc.

PAR

JULES WARD.

Op. 16. — Prix net : 3 fr.

Lyon, imp. H. Storck

A Monsieur Louis CHERBLANC.

Hommage affectueux.

PETIT

TRAITÉ D'HARMONIE

A l'usage des Pianistes, Organistes, etc.

PAR

JULES WARD.

Impr. H. Storck, à Lyon.

Traité d'harmonie

pour servir aux cours de Mr. Jules Ward.

Chapitre 1er.

§ 1er.

De la Musique.

1 — La musique est formée de trois éléments distincts : la *Mélodie*, l'*harmonie* et le *Rythme*.

2 — La mélodie se compose de *sons* entendus *successivement*. Ex.

3 — L'harmonie se compose de *sons* entendus *simultanément*. Ex.

4 — Le Rythme est la *durée relative* des *sons*.

Ex.

§ II.

Du Mode.

5 — Le système musical moderne compte deux *modes* : *le mode majeur* et le *mode mineur*.

6 — La gamme ou échelle du mode majeur se compose de cinq *tons* et deux *demi-tons*. Les demi-

tons sont toujours placés du 3me au 4me, et du 7me au 8me degré.

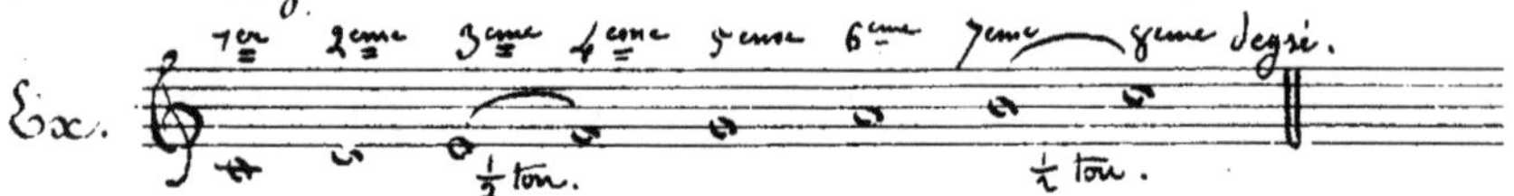

7 — La gamme ou échelle du mode mineur se compose également de cinq tons et deux demi-tons. Les demi-tons se placent du 2me au 3me et du 7me au 8me degré.

Ex. 1er 2eme ½ ton. 3eme 4eme 5eme 6eme 7eme ½ ton. 8eme degré.

Nota. La gamme mineure se pratiquant de plusieurs manières, il est facile de se rendre compte de sa composition en analysant les derniers intervalles. Voici, du reste, les deux manières les plus usitées.

§ III.

Des Genres.

8 — Il y a trois genres: 1° le genre *Diatonique*, quand les sons procèdent par tons et demi-tons, quel que soit le mode.

9 — 2° Le genre *Chromatique*, quand les sons procèdent par demi-tons. Ce genre appartient aux deux modes.

Ex.

10 — 3° Le genre *Enharmonique*.

Ex. 

L'Enharmonie, dans le système musical actuel, n'est, à proprement parler, autre chose que la *synonimie* des sons. Ce genre ne s'emploie que dans les modulations éloignées.

§ IV.

Des Intervalles.

11 — On nomme *intervalle* la distance sonore qui sépare deux sons.

Ex. 

12 — Le *ton* majeur sert d'unité à la composition des intervalles; il se divise en deux parties égales (dans la pratique) qui sont les demi-tons. Ainsi une quarte juste se compose de *deux tons et un demi-ton*, etc.

13 — Les intervalles sont *simples* ou *composés*.

14 — Ils sont *simples* quand ils n'excèdent pas l'octave:

Ex. ils sont *composés* quand ils l'excèdent.

Ex. 

15 — Les intervalles simples sont: les *Secondes*,

Tierces, Quartes, Quintes, Sixtes, Septièmes et Octave.

16 — Les intervalles composés sont : les *neuvièmes*, les *dixièmes*, les *onzièmes*, les *douzièmes*, etc., etc.

Il est bon de remarquer que les intervalles composés ne sont que la répétition, à l'octave, des intervalles simples.

17 — Les sons pouvant être altérés par les signes ♭, ♮ et ♯, il s'en suit que l'intervalle est diminué ou augmenté d'un demi-ton. L'intervalle conserve son nom, seulement on y ajoute l'une des dénominations suivantes : *diminué, mineur, majeur, juste ou parfaite, augmentée*, suivant le cas :

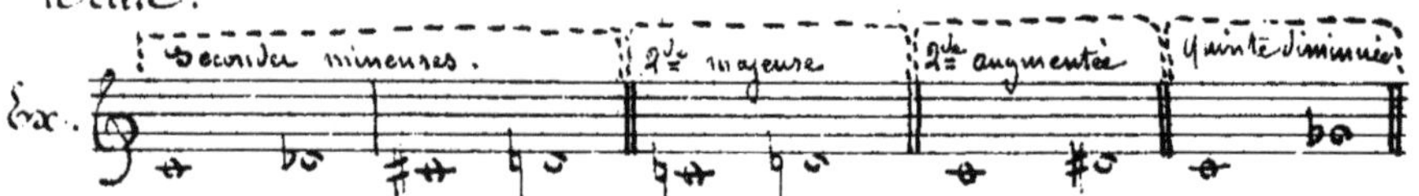

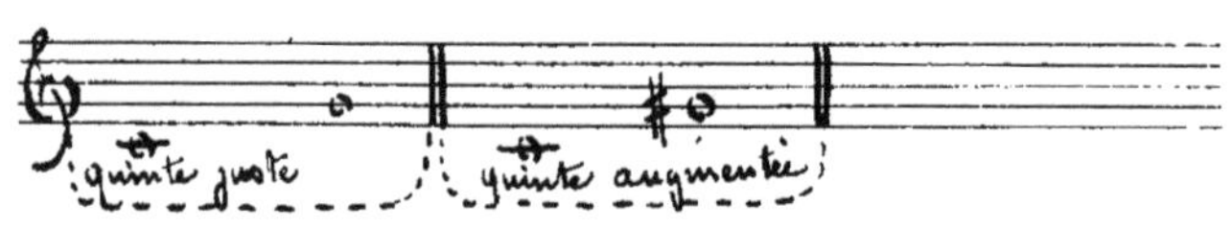

Seul de tous les intervalles, l'octave ne peut être altéré ; il est toujours juste.

§ V.

De l'état direct et du renversement.

18 — Un intervalle est dans son *état direct* quand le son qui le génère est au grave. Il est renversé quand le son générateur est à l'aigu.

Ex. état direct. renversement.

son générateur son générateur.

19 — Les rapports de l'état direct au renversement sont ainsi qu'il suit :

état direct
1 2 3 4 5 6 7 8
8 7 6 5 4 3 2 1
renversement

c'est-à-dire que l'unisson 1 a pour renversement l'octave 8 ; la seconde 2 a pour renversement la septième 7 ; la tierce 3 a pour renversement la sixte 6 ; la quarte 4 a pour renversement la quinte 5 ; la quinte 5 a pour renversement la quarte 4 ; la sixte 6 a pour renversement la tierce 3 ; la septième 7 a pour renversement la seconde 2 ; l'octave 8 a pour renversement l'unisson 1.

Il est inutile de faire remarquer que l'unisson n'est point un intervalle quoique son renversement l'octave en soit un.

20 — Tableau général des intervalles avec leur renversement et leurs altérations.

Secondes.

État direct :	mineure 1/2 ton	majeure 1 ton.	augmentée 1 ton 1/2
Renversement	majeure 5 tons 1/2.	mineure 5 tons 1/2 ton	diminuée 4 tons 1/2 ton.

Septièmes.

Tierces.

diminuée deux 1/2 tons.	mineure 1 ton 1/2 ton.	majeure 2 tons.
5 tons.	4 tons 1/2	3 tons deux 1/2 tons.
augmentée	majeure.	mineure.

Sixtes.

Quartes.

diminuée 1 ton deux 1/2	juste ou parf. deux tons 1/2	augmentée 3 tons.
4 tons	3 tons 1/2 ton.	2 tons deux 1/2 tons.
augmentée	juste ou parfaite.	diminuée.

Quintes.

Quintes.

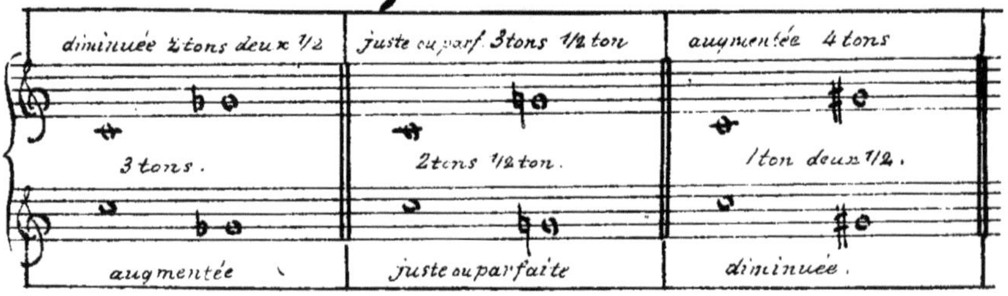

diminuée 2 tons deux 1/2	juste ou parf. 3 tons 1/2 ton	augmentée 4 tons
3 tons.	2 tons 1/2 ton.	1 ton deux 1/2.
augmentée	juste ou parfaite	diminuée.

Quartes.

(1) Cet intervalle est plus communément nommé Triton, c'est le fameux *Diabolus in musica* des anciens.

Sixtes.

mineure 3tons deux 1/2	majeure 4tons 1/2 ton	augmentée 5tons
2tons	1ton 1/2ton	2 1/2 tons
majeure	mineure.	diminuée.

Tierces.

Septièmes.

diminuée 4tons 1/2	mineure 4tons deux 1/2	majeure 5tons 1/2 ton
1tons 1/2ton	1ton	1/2ton
augmentée	majeure	mineure.

Secondes.

Octave.

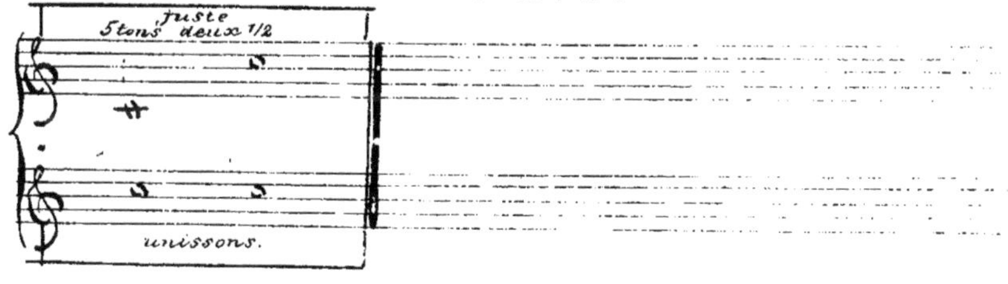

Chapitre II.

§ 1er

Des Accords.

21 — On nomme *accord* l'agrégation de deux, trois, quatre ou cinq sons formant ensemble des intervalles *consonants* ou *dissonants*.

22 — Il y a deux sortes de *consonances* : les consonnances parfaites et les consonnances imparfaites.

23 — Les consonnances parfaites sont : la quinte et l'octave.

Ex :

24 — Les consonnances imparfaites sont : *la tierce majeure, la tierce mineure, la sixte majeure et la sixte mineure.*

Ex :

25 — Tous les autres intervalles sont *dissonants*.

§ II.

26 — Pour que les intervalles consonants ou dissonants se rapportent aux douze gammes majeures ou mineures, on se sert de la gamme harmonique suivante :

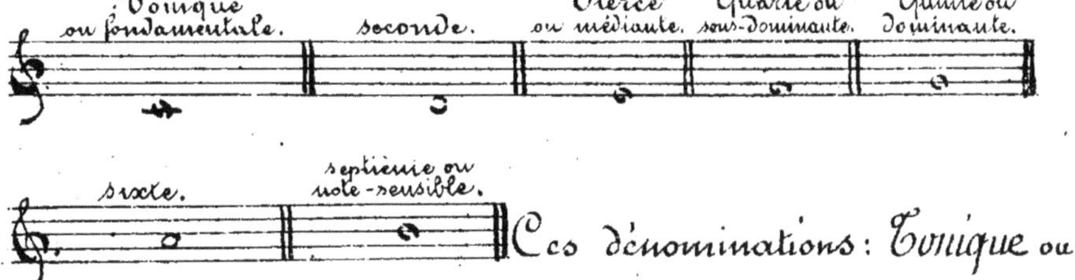

Ces dénominations : Tonique ou Fondamentale ; Tierce ou Médiante ; Quarte ou Sous-Dominante ; Quinte ou Dominante ; Sixte ; Septième ou Note sensible, s'appliquent à toutes les gammes majeures ou mineures, quelle que soit la note fondamentale.

§ III.

Accord parfait du mode majeur :

27 _ Cet accord se pose sur la tonique d'une gamme majeure. Il se compose : d'une Tierce majeure et d'une Quinte juste ; il se chiffre par un 3. (1)

28 _ Son premier renversement se pose sur la tierce ou médiante ; il se compose d'une Tierce mineure et d'une Sixte mineure. Il se chiffre par un 6.

29 _ Son second renversement se pose sur la quinte ou Dominante. Il se compose d'une

---

(1) Les chiffres sont une sténographie harmonique ; ils se placent sur les notes de la Basse et servent à indiquer l'harmonie de la main droite.

Quarte juste et d'une Sixte majeure ; il se chiffre par $^6_4$: on le nomme communément accord de quarte et sixte.

Ex.

(1) État direct.	1er renversement.	2me renversement.
3	6	$^6_4$

Accord parfait du mode mineur.

30 — Cet accord se pose sur la tonique de la gamme mineure. Il se compose d'une Tierce mineure et d'une Quinte juste ; il se chiffre par 3.

31 — Son premier renversement se pose sur la tierce ou médiante. Il se compose d'une Tierce majeure et d'une Sixte majeure ; il se chiffre par 6.

32 — Son deuxième renversement se pose sur la quinte ou dominante. Il se compose d'une Quarte juste et d'une Sixte mineure ; il se chiffre par $^6_4$. On le nomme accord de Quarte et Sixte du mode mineur.

Ex.

État direct.	1er renversement.	2me renversement.
3	6	$^6_4$

---

(1) Dans l'harmonie à quatre parties on double l'une des notes de l'accord.

Accord de quinte diminuée.

33 — Cet accord appartient aux deux modes; il se pose sur la note sensible du mode majeur et sur la seconde note du mode mineur. Il se compose d'une Tierce mineure et d'une Quinte diminuée; il se chiffre par 5̸.

34 — Son premier renversement se pose sur la seconde note du mode majeur et sur la quarte du mode mineur. Il se compose d'une Tierce mineure et d'une Sixte majeure; il se chiffre par 6.

35 — Son deuxième renversement se pose sur la quarte du mode majeur et sur la sixte du mode mineur. Il se compose d'une quarte augmentée ou Triton et d'une Sixte majeure; il se chiffre par $\overset{6}{+4}$.

Ex.

État direct.	1er renversement.	2me renversement.
5̸	6	+4

§ IV.

De l'état direct et des renversements.

36 — Un accord est dans son état direct quand le son fondamental est à la Basse.

37 — Il est dans son premier renversement quand la tierce est à la Basse.

38 _ Il est dans son deuxième renversement quand la quinte est à la Basse.

§ V.

Des Positions.

39 _ On entend par *Positions* les diverses manières de grouper les sons d'un accord; elles sont au nombre de trois pour les accords parfaits et l'accord de quinte diminuée.

mode majeur: 1re Position. 2me Position. 3me Position.

mode mineur 1re Position. 2me Position. 3me Position.

quinte diminuée 1re Position. 2me Position. 3me Position.

40 _ Il faut éviter de confondre les positions avec les renversements. Dans les positions le son grave de l'accord ne change pas; dans les renversements, au contraire, le son grave change toujours.

41 _ Les renversements ont autant de positions que l'état direct.

§ VI.

Des Mouvements.

42 — Il y a trois sortes de mouvements : 1° le mouvement semblable ou direct, quand les sons montent ou descendent en même temps.

Ex.

2° Le mouvement oblique, quand une partie monte et que l'autre reste à sa place.

Ex.

3° Le mouvement contraire, quand une partie monte et que l'autre descend : ce mouvement est d'une grande élégance.

Ex.

43 — Ces trois mouvements peuvent se combiner ensemble.

Ex.

En examinant avec soin les petits traits qui relient ensemble les notes de l'exemple précédent, on se rendra compte de la combinaison des trois mouvements.

§ VII.

Des Successions défendues.

44 — Il n'est pas permis de faire de suite, en mouvement direct, deux consonnances parfaites. (23).

Quintes justes. Octaves.

mauvais.

45 — Par exception à la règle précédente, deux quintes de suite sont tolérées lorsque l'une des deux est diminuée et qu'elles procèdent par degrés conjoints.

+ Quinte diminué.

Ex.

46 — Deux quintes ou deux octaves *cachées* sont défendues entre les parties extrêmes (le chant et la Basse) d'un accord.

Ex.

47 — On reconnait les quintes et les octaves cachées en remplissant l'intervalle qui sépare les sons.

Ex.

48 — Par exception à cette règle, on tolère les quintes cachées lorsqu'elles procèdent, en montant ou en descendant, de la tonique à la dominante et *vice versa*, pourvu toutefois que la partie aigüe procède par degrés conjoints.

Ex.

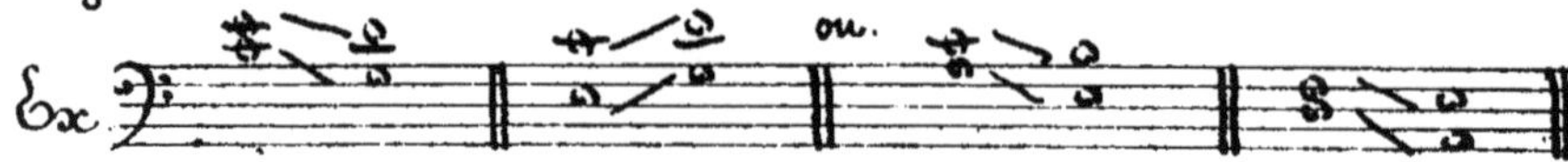

49 _ Il y a fausse relation harmonique quand une note naturelle, dans une partie, se fait entendre diésée ou bémolisée dans une autre partie. On l'évite en plaçant les deux notes qui la produisent dans la même partie, en évitant de doubler l'une ou l'autre de ces notes.

50 _ Entre la basse et la partie supérieure une fausse relation est quelquefois tolérée.

§ VIII.

Des parties harmoniques.

51 _ L'harmonie est à deux, trois ou quatre parties, selon que l'on emploie deux, trois ou quatre sons.

52 _ La partie la plus aigüe est la première; on la nomme vulgairement *chant* : la partie la plus grave se nomme *Basse* ; les autres parties prennent le nom d' *intermédiaires*.

53 _ La Basse, harmoniquement parlant, est la partie la plus importante : c'est par elle que les accords sont déterminés, qu'ils soient dans l'état direct ou dans un de leurs renversements. Elle peut procéder diatoniquement (8), chromatiquement (9), par intervalles de tierces, quartes, quintes, sixtes, etc. (15).

§ IX.

De l'enchaînement régulier des accords parfaits majeurs et mineurs dans leur état direct.

54 — Deux accords parfaits majeurs ou mineurs s'enchaînent régulièrement quand ils ont une ou deux notes communes.

Ex.

1 note commune.
2 notes communes.

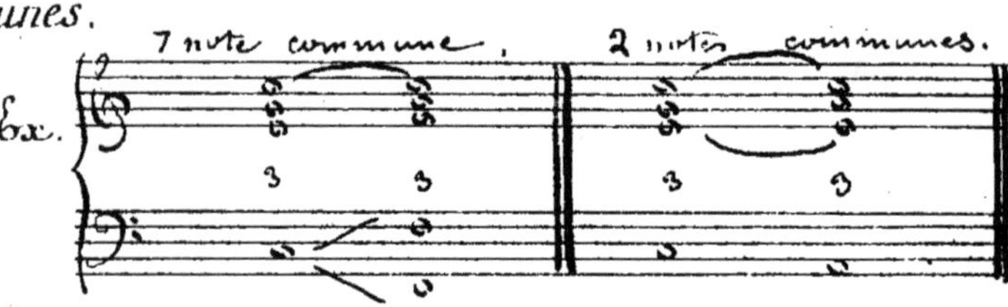

D'où résultent les deux règles suivantes.

55 — Les accords parfaits majeurs ou mineurs s'enchaînent régulièrement quand la basse procède par Tierces inférieures ou Sixtes supérieures (la sixte étant le renversement de la tierce); deux notes sont communes. Ex.

mode majeur

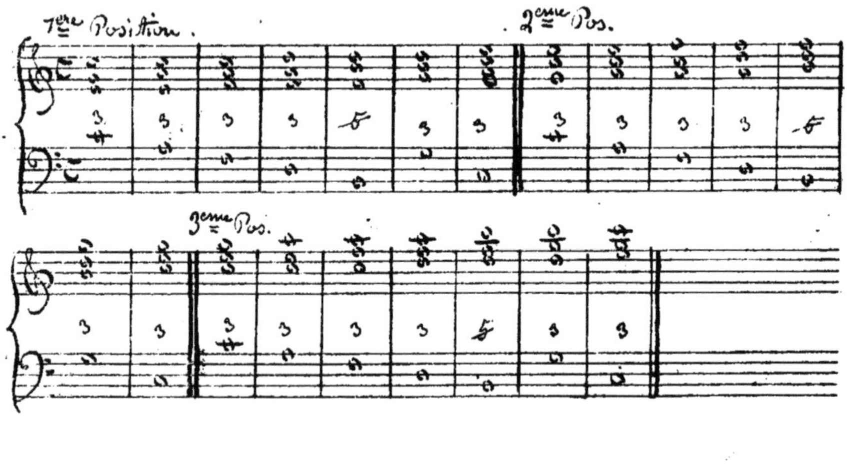
1ère Position.
2ème Pos.
3ème Pos.

1ère Position (1) 2ème Position.

56 — Les accords parfaits, majeurs ou mineurs s'enchaînent régulièrement dans leur état direct, quand la basse descend de quinte et monte de quarte, ou quand la basse monte de quarte et descend de quinte; ce qui revient au même. Une seule note est commune. Ex.

57 — Les accords parfaits majeurs ou mineurs s'enchaînent aussi par leurs renversements; dans ce cas, la basse procède par secondes majeures ou mineures (28-29; 31-32; 34-35). Ex.

---

(1) Sol # est la note sensible du ton de La mineur.

(2) Le #, placé devant un chiffre, indique que l'intervalle désigné par ce chiffre est majeur; le b indique qu'il est mineur.

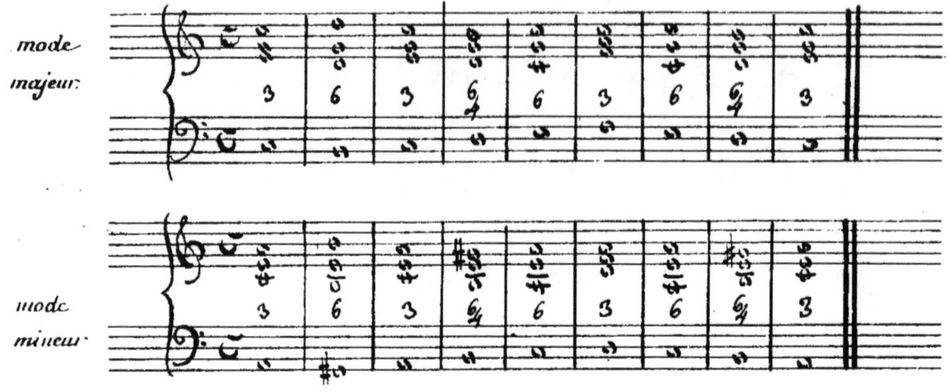

58 — En combinant ensemble les divers mouvements de Basse, par lesquels les accords parfaits majeurs ou mineurs s'enchaînent régulièrement, la basse procèdera par degrés conjoints ou disjoints, c'est-à-dire par secondes, tierces, quartes, quintes et sixtes ou leurs renversements. Ex.

mode majeur.

mode mineur.

§ X.

De l'enchaînement irrégulier des accords parfaits majeurs et mineurs.

59 — L'enchaînement est irrégulier quand la Basse procède de la tonique à la tierce ou médiante, ces deux notes portant accord parfait : de la quarte à la sixte ; de la tonique à la seconde, et de la quinte à la sixte. Dans les premiers cas, deux notes sont communes aux deux accords ; dans le second, il n'y en a pas. Ex.

60 — Ces successions ne sont possibles que lorsque les consonances procèdent par mouvement contraire. Exemple d'accords s'enchaînant régulièrement et irrégulièrement :

Les petites + indiquent l'enchaînement irrégulier.

Chapitre III.

§ 1er.

Des cadences harmoniques.

61 — Les *cadences* (du latin *cadere*, tomber) ou repos harmoniques, sont à la phrase musicale, ce que la ponctuation est au langage vulgaire ; elles servent à déterminer le sens des phrases principales, incidentes ou épisodiques dont se compose un morceau de musique.

62 — On distingue cinq cadences principales qui sont : 1° *la cadence parfaite* ou repos de la dominante à la tonique.

Ex.

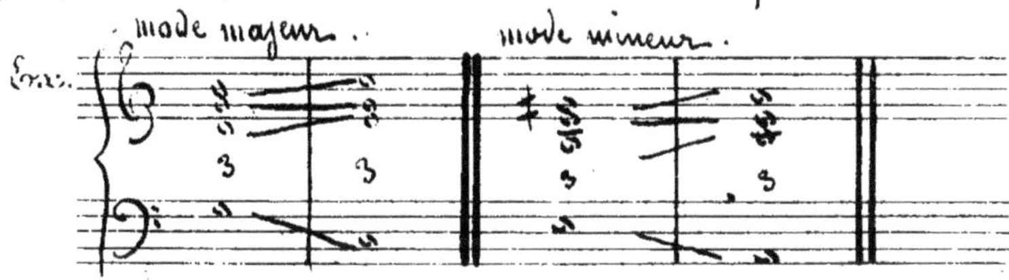

2° *La demi-cadence* ou repos de la tonique à la dominante.

Ex.

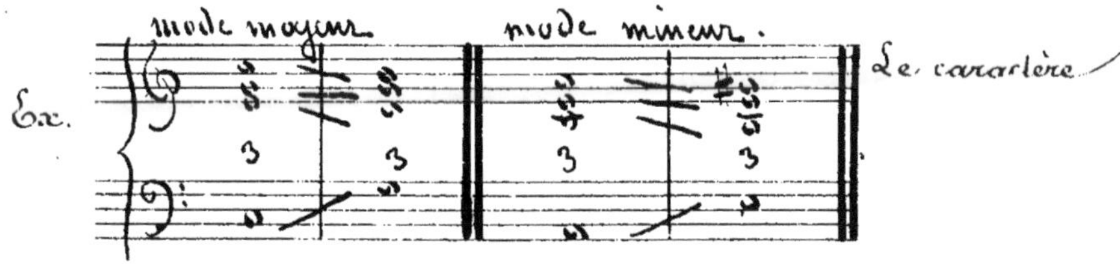

Le caractère

de cette cadence est éminemment suspensif.

3° La *cadence rompue*. Dans cette cadence, la dominante, au lieu de se résoudre régulièrement sur la tonique, se résout en montant d'une seconde majeure ou mineure.

Ex. (mode majeur — mode mineur)

4° La *cadence évitée*. On évite la cadence lorsqu'à l'accord final on substitue un accord, renversé ou non, qui prépare une nouvelle cadence dans un ton autre que celui dans lequel on se trouve :

Ex.

5° La *cadence plagale*. Cette cadence est le repos de la sous-dominante à la tonique ; elle convient par son caractère grave et solennel au genre religieux.

Ex. (mode majeur. mode mineur.)

Il arrive quelquefois qu'annoncée dans le mode mineur on la résout sur l'accord parfait majeur.

Ex. (mode mineur.)

63 — La cadence parfaite et la cadence plagale peuvent seules servir à la conclusion d'un morceau de musique.

64 — Formules de cadences parfaites à réaliser dans

tous les tons majeurs et mineurs, et à toutes les positions.

§ II.

Des notes réelles et des notes de passage.

65 — On nomme *notes réelles* les sons qui composent un accord.

Ex

66 — Ces notes, dans les successions d'accords parfaits, sont à intervalles de tierce, quarte, quinte, sixte et octave.

67 — On nomme *notes de passage* les sons qui diatoniquement ou chromatiquement remplissent l'intervalle qui sépare deux notes réelles.

68 — Quand la note de passage est au dessus de la note réelle l'intervalle est toujours diatonique.

69 — Quand la note de passage est au dessous de la note réelle l'intervalle est chromatique.

70 — La note de passage peut se frapper avant la note réelle ; elle est diatonique ou chromatique selon qu'elle se trouve au dessus ou au dessous de la note réelle. On la nomme *Appogiature*.

On les écrit souvent de cette façon :

71 — Le *Portamento* ou port de voix appartient aux notes réelles de l'accord.

72 — Le *Grupetto* se compose de notes réelles et de notes de passage.

73 — Les notes de passage peuvent être dans la partie aigüe, dans les parties intermédiaires ou dans la

partie grave ou basse.

§ III.

Des accords plaqués et des accords arpégés.

74 — Les accords sont *plaqués* quand les notes qui les composent sont frappées *simultanément*; ils sont *arpégés* quand les notes qui les composent sont frappées *successivement*.

Arpéges avec notes de passage:

Chapitre IV.

Des accords dissonants et des modulations.

§ 1er

Accord de septième de dominante.

75 — Cet accord se pose sur la dominante d'une gamme majeure ou mineure; il se compose d'une tierce majeure, d'une quinte juste et d'une septième mineure; il se chiffre par 7+.

76 — Son premier renversement se pose sur la note sensible. Il se compose d'une tierce mineure, d'une quinte diminuée et d'une sixte mineure ; il se chiffre par $\frac{6}{5\!\!\!/}$

77 — Son second renversement se pose sur la seconde note du ton. Il se compose d'une tierce mineure, d'une quarte juste et d'une sixte majeure ; il se chiffre par $\frac{3}{+4}$

78 — Son troisième renversement se pose sur la quatrième note du ton. Il se compose d'une seconde majeure, d'une quarte augmentée ou Triton et d'une sixte majeure ; il se chiffre +2. On le nomme accord de Triton.

79 — Cet accord se résout régulièrement sur l'accord parfait majeur ou mineur. La basse fondamentale descend de quinte ou monte de quarte ; la note sensible se résout sur la tonique ; la dissonance se résout en descendant d'un degré.

Ex. mode majeur.

État direct.		1er renversement.		2ème renversement.	
7	résolution 3 +	$\frac{6}{5\!\!\!/}$	résol. 3	$\frac{3}{+4}$	résolution 6

ou.

2ème renversement.		3ème renversement.	
$\frac{3}{+4}$	résolution 3	+2	résolution 6

Ex.

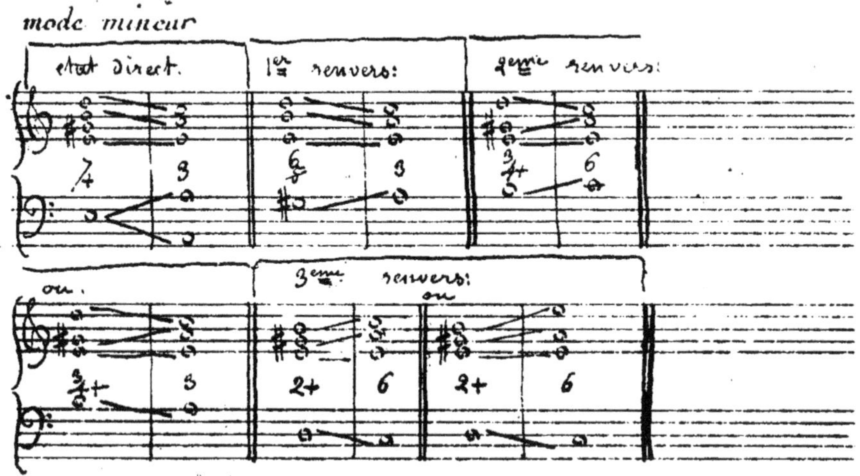

80 — La quinte de cet accord monte ou descend d'un degré.

81 — Dans son état direct, on double la note fondamentale qui, dans les parties intermédiaires, reste à sa place ; alors on peut supprimer soit la quinte, soit la note sensible, selon le cas.

§ II.

Des modulations.

82 — Moduler c'est passer d'un ton dans un autre ; par exemple : de *do majeur* en *la mineur*.

§ III.

Des tons relatifs.

83 — Deux tons sont relatifs lorsque leur gamme ne diffère que d'un accident à la clef.

Ex.

	relatifs majeurs	relatifs mineurs
Do majeur	fa	ré
ton principal	....	la
	sol	mi

	relatifs majeurs	relatifs mineurs
La mineur	sol	mi
ton principal	do	
	fa	ré

84 _ Les relatifs sont au nombre de cinq. Dans le mode majeur, deux sont majeurs et trois mineurs; dans le mode mineur, trois sont majeurs et deux mineurs.

Nota. Dans le mode majeur, la tonique do, étant ton principal, les relatifs sont les cinq degrés de la gamme qui suivent en montant; dans le mode mineur, ce sont les cinq degrés qui suivent la tonique en descendant.

Mode majeur, do : ré mi fa sol - la ;
Mode mineur, la : sol - fa mi re - do .

85 _ Un relatif peut être considéré comme ton principal; il donne lieu alors à cinq relatifs nouveaux.

86 _ On module du ton principal à l'un de ses relatifs en faisant entendre l'accord parfait majeur de la dominante, ou l'accord de septième de dominante du relatif dans lequel on veut aller.

Ex.

Do majeur, Ton principal.

La mineur, Ton principal.

87 — Une modulation n'est bien déterminée que lorsqu'on la produit par la formule de cadence parfaite. (62)

§ IV.

Des modulations aux tons non relatifs.

88 _ Ces modulations s'opèrent de plusieurs manières : 1° par le changement de mode ; dans ce cas, le nouveau mode comporte une série de cinq relatifs, et la modulation se fait comme plus haut. Ex.

relatifs

Do majeur { ré min., mi min., fa maj., sol maj., la min.

Changement de mode.

relatifs

Do mineur { si b maj., la b maj., sol min., fa min., mi b maj.

changement de mode — mod: en — mi b maj: — changement de mode — mod: en — la b maj:

3 — b3 — 3 — 3 — b3 — 7+ — 3

relatifs

Do mineur { si b maj., la b maj., sol min., fa min., mi b maj.

Changement de mode.

relatifs

Do majeur { ré min., mi min., fa maj., sol maj., la min.

mod: en sol maj: — Changement de mode — mod: en fa maj:

3 — ♮3 — 3 — 7+ — ♮3 — 3 — ♮3 — 7+ — ♮3

Souvent le changement de mode se sous-entend, alors la modulation se fait directement.

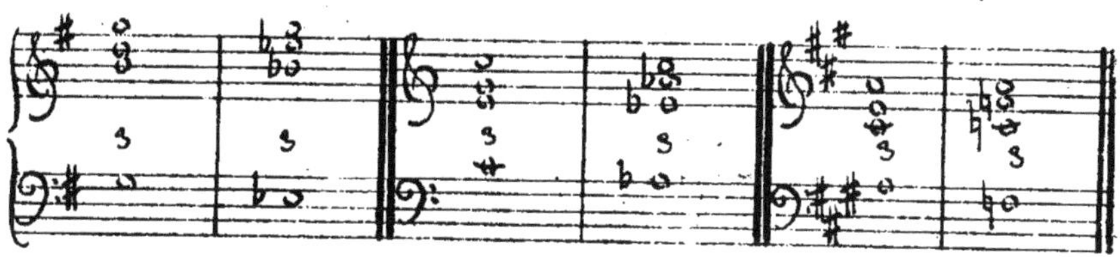

89 – Il faut éviter de moduler dans les tons éloignés trop brusquement, parce qu'alors le sentiment de la première tonalité n'a pas eu le temps de s'effacer lorsque la seconde tonalité apparaît.

90 – Les changements de mode peuvent s'opérer non seulement sur le ton principal mais encore sur tous les relatifs.

91 – On peut aussi moduler par l'enharmonie.

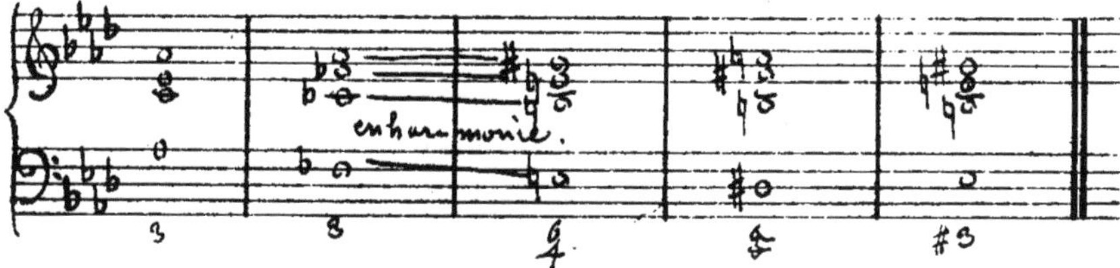

Ce moyen est d'un grand secours et peut se combiner avec les moyens indiqués plus haut.

92 – Quand deux tons sont tellement éloignés qu'ils ne présentent aucuns rapports ensemble, on opère la modulation au moyen d'accords intermédiaires ou bien on recherche un relatif commun aux deux tons. Par exemple, pour moduler de *do* majeur en *ré* majeur, on peut se servir des tons de *sol* majeur ou de *mi* mineur qui, tous deux, sont relatifs de *do* majeur et de *ré* majeur. Les modulations

intermédiaires doivent être très passagères. Ce genre de modulation est souvent préférable aux modulations directes, en ce qu'il permet à l'oreille de mieux saisir la transition opérée.

§ V.

Accord de Septième de seconde du mode majeur.

93 — Cet accord se pose sur la seconde note de la gamme majeure; il se compose d'une tierce mineure, d'une quinte juste et d'une septième mineure. Son état direct se chiffre par 7.

94 — Son premier renversement se pose sur la quatrième note du ton; il se compose d'une tierce majeure, d'une quinte juste et d'une sixte majeure; il se chiffre par $\frac{6}{5}$.

95 — Son deuxième renversement se pose sur la sixième note du ton; il se compose d'une tierce mineure; d'une quarte juste et d'une sixte mineure. Il se chiffre par $\frac{3}{4}$.

96 — Son troisième renversement se pose sur la tonique; il se compose d'une seconde majeure, d'une quarte juste et d'une sixte majeure. Il se chiffre par 2.

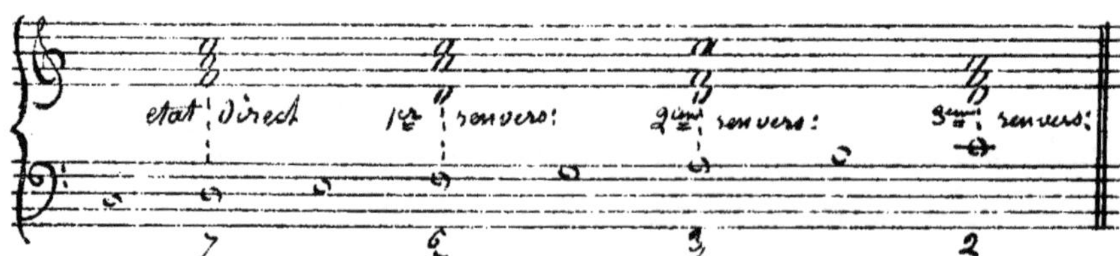

97 — Dans cet accord, la septième ou dissonance doit être préparée.

98 — Une dissonance est préparée quand elle est la fondamentale, tierce ou quinte de l'accord qui précède celui où elle est dissonante.

99 — Cet accord se résout régulièrement sur l'accord de septième de dominante dans son état direct ou sur l'un de ses renversements.

Nota. à la basse, la fondamentale monte de quarte ou descend de quinte; dans une partie intermédiaire, elle reste à sa place; la tierce reste à sa place; la quinte monte ou descend d'un degré; la septième se résout toujours en descendant d'un degré.

(1) préparation. résolution (2) (3)

Etat direct.

1er Renversement.

2me Renversement

3me Renversement

---

(1) La dissonance est fondamentale dans l'accord qui précède.
(2) La dissonance est tierce dans la seconde moitié de l'accord qui précède.
(3) La dissonance est quinte dans la seconde moitié de l'accord qui précède.

100 — Cet accord se résout aussi, régulièrement, sur l'accord parfait de la dominante. Souvent, avant de le résoudre, on fait entendre le deuxième renversement de l'accord parfait. Ex.

3 – 7 3 3 3 $\frac{6}{5}$ $\frac{6}{4}$ 7+ 3

§ VI.

Accord de septième de seconde du mode mineur.

101 — Cet accord se pose sur la seconde note de la gamme mineure ; il se compose d'une tierce mineure, d'une quinte diminuée et d'une septième mineure. Son état direct se chiffre par un 7.

102 — Son premier renversement se pose sur la quatrième note du ton ; il se compose d'une tierce mineure, d'une quinte juste et d'une sixte majeure. Il se chiffre par $\frac{6}{5}$.

103 — Son deuxième renversement se pose sur la sixième note du ton ; il se compose d'une tierce majeure, d'une quarte augmentée et d'une sixte majeure. Il se chiffre par $\frac{3}{4}$.

104 — Son troisième renversement se pose sur la tonique ; il se compose d'une seconde majeure, d'une quarte juste et d'une sixte mineure. Il se chiffre par 2.

105. Cet accord se résout régulièrement sur l'accord parfait majeur de la dominante formant demi-cadence, ou sur l'accord de septième de dominante formant cadence parfaite. La dissonance doit être préparée et résolue.

Préparation et résolution de l'état direct et des renversements de l'accord de septième de seconde du mode mineur.

État direct.

1er renversement

2e renversement

3e renversement.

Nota. Le 2e renversement des deux accords de 7me de seconde est d'un effet très dur ; il ne s'emploi pas.

§ VII

Accord de septième de sensible du mode majeur.

106. Cet accord se pose sur la note sensible du mode

majeur ; il se compose d'une tierce mineure ; d'une quinte diminuée et d'une septième mineure. Il se chiffre par 7.

107. Son premier renversement se pose sur la seconde note du ton ; il se compose d'une tierce mineure, d'une quinte juste et d'une sixte majeure. Il se chiffre par $\frac{6}{5}$.

108. Son deuxième renversement se pose sur la quatrième note du ton ; il se compose d'une tierce majeure, d'une quarte augmentée et d'une sixte majeure. Il se chiffre par $\frac{3}{4}$.

109. Son troisième renversement se pose sur la sixième note du ton ; il se compose d'une seconde majeure, d'une quarte juste et d'une sixte mineure. Il se chiffre par 2.

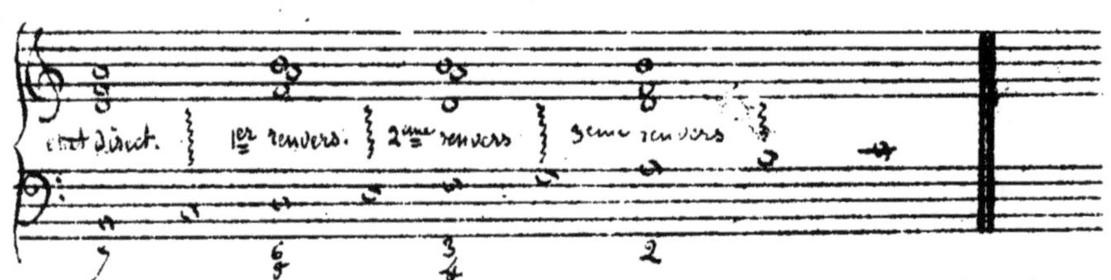

110. Cet accord se résout régulièrement sur l'accord parfait majeur de la tonique. La fondamentale monte d'un demi-ton ; la tierce monte d'un ton ; la quinte descend d'un demi-ton ; la septième se résout en descendant d'un ton : elle n'a pas besoin de préparation.

Résolutions de l'accord de septième de sensible du mode majeur.

111. On supprime quelquefois la tierce de cet accord ; l'effet est plus doux, mais il ne peut se pratiquer aux seconde et troisième positions.

112. La septième doit toujours être à la partie aigüe. Dans les premier et second renversements il faut avoir soin de disposer l'intervalle de seconde qui s'y trouve, de façon à ce qu'il soit renversé.

113, Cet accord se résout aussi sur l'accord de septième de dominante dont il dérive ; ces résolutions prennent le nom de résolutions évitées.

114. Outre ces résolutions évitées, il en existe encore un grand nombre d'un grand intérêt pour les modulations.

---

(1) La basse de ce renversement ne peut descendre à cause de deux quintes de sixte ré-la, ré-sol, qui auraient lieu entre la basse et la partie aigüe.

(2) Ce renversement préparé est praticable.

§ VIII

Accord de septième de sensible du mode mineur, dite aussi septième diminuée.

115. Cet accord, l'un des plus intéressants de l'harmonie, à cause de ses diverses transformations enharmoniques et de ses nombreuses résolutions, se pose sur la note sensible du mode mineur ; il se compose d'une tierce mineure, d'une quinte diminuée et d'une septième diminuée. Il se chiffre par 7.

116. Son premier renversement se pose sur la seconde note du ton ; il se compose d'une tierce mineure, d'une quinte diminuée et d'une sixte majeure. Il se chiffre par $+\frac{6}{5}$.

117. Son deuxième renversement se pose sur la quatrième note du ton ; il se compose d'une tierce mineure, d'une quarte augmentée et d'une sixte majeure. Il se chiffre par $+\frac{3}{4}$.

118 Son troisième renversement se pose sur la sixième note du ton ; il se compose d'une seconde augmentée, d'une quarte augmentée et d'une sixte majeure. Il se chiffre par + 2.

Ne pas confondre ce chiffre + 2 avec celui qui indique le 3e renversement de la septième de dominante 2 +.

119. Cet accord, comme septième de sensible du mode mineur, se résout régulièrement sur l'accord parfait mineur de la tonique. La fondamentale monte d'un degré; la tierce monte d'un degré; la quinte diminuée et la septième diminuée descendent d'un degré.

120. Il peut aussi, comme l'accord de septième de sensible du mode majeur, se résoudre sur l'accord de septième de dominante. Il donne lieu à un grand nombre de résolutions évitées.

Résolutions comme accord de 7me de sensible du mode mineur.

Résolutions sur la 7me de dominante.

121. Comme septième diminuée, cet accord n'a pas de résolution régulière; il n'a que des transformations harmoniques ou enharmoniques.

122. Ses facultés enharmoniques lui permettent de donner trois renversements de septième diminuée dont la fondamentale varie nécessairement.

123. Le nombre des résolutions évitées de cet accord est très considérable ; en voici quelques unes.

124. Par les renversements on trouve aussi des résolutions évitées.

§ IX

Accord de 9me. de dominante mode majeur.

125. Cet accord se pose sur la dominante du

ton ; il se compose d'une tierce majeure, d'une quinte juste, d'une septième mineure et d'une neuvième majeure. Il se chiffre par + 9.

126 Les renversements de cet accord étant inusités, nous ne les indiquerons pas.

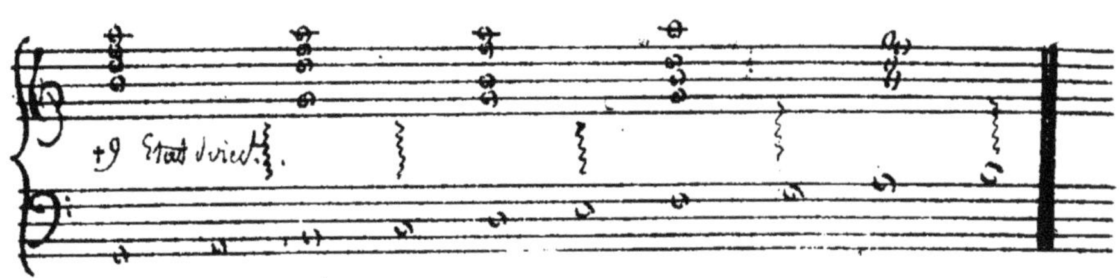

127. Cet accord se résout régulièrement sur l'accord parfait majeur de la tonique, ou sur celui de septième de dominante.

128. La neuvième doit être placée à la partie supérieure ; cependant, il arrive quelquefois qu'on place la septième au-dessus de la neuvième.

129. On supprime souvent la quinte de cet

accord.

130. La neuvième doit toujours être tenue à intervalle de septième de la note sensible.

131. On emploie souvent cet accord en supprimant la note fondamentale ; il devient semblable alors à l'accord de septième de sensible. (Voir cet accord).

§ X

Accord de neuvième de dominante mode mineur.

132. Cet accord se pose sur la dominante ; il se compose d'une tierce majeure, d'une quinte juste, d'une septième mineure et d'une neuvième mineure. Il se chiffre par ♭ 9

Ses renversements sont peu usités.

(Voir l'accord précédent).

§ XI.

Accord de septième majeure.

133 _ Cet accord se pose sur la quatrième note du mode majeur et sur la sixième du mode mineur ; il se compose : d'une tierce majeure, d'une quinte juste et d'une septième majeure. Il se chiffre par 7.

134 _ Son premier renversement se pose sur la sixième note du mode majeur et sur la tonique du mode mineur ; il se compose : 1° d'une tierce mineure, d'une quinte juste et d'une sixte mineure. Il se chiffre par $^{6}_{5}$.

135 _ Son deuxième renversement se pose sur la tonique du mode majeur et sur la tierce du mode mineur ; il se compose : d'une tierce majeure, d'une quarte juste et d'une sixte majeure. Il se chiffre par $^{3}_{4}$.

136 _ Son troisième renversement se pose sur la troisième note du mode majeur et sur la quinte du mode mineur ; il se compose : d'une seconde mineure, d'une quarte juste et d'une sixte mineure. Il se chiffre par 2.

137 _ La dissonance de cet accord doit être préparée.

(98)

138 _ Cet accord se résout régulièrement sur l'accord de 7me de sensible du mode majeur (106) et sur l'accord de 7me de seconde du mode mineur (101).

La fondamentale à la basse monte de quarte augmentée ou descend de quinte diminuée ; dans une partie intermédiaire ou à l'aigu elle reste à sa place ; la quinte monte ou descend d'un degré ; la dissonance se résout en descendant d'un degré. La tierce reste à sa place.

139 _ A quatre parties, dans l'état direct, on double la fondamentale et on supprime la tierce ou la quinte.

Préparation, résolution de l'état direct et des renversements de l'accord de septième majeure.

140 – Cet accord, dans son état direct, a quatre positions ; ses renversements en ont trois. Il est surtout usité dans les *marches de septièmes* (Voir le Chap. V).

§ XII.

Accord de sixte augmentée.

141 – Cet accord s'emploie soit avec la quinte juste soit avec la quarte augmentée ; dans le premier cas, il se compose : d'une *tierce majeure*, d'une *quinte juste* et d'une *sixte augmentée*. Il se chiffre par $\sharp{}^{6}_{5}$ ou $\natural{}^{6}_{5}$ selon que le $\sharp$ ou le $\natural$ sont employés pour élever la sixte. Dans le second, cet accord se compose : d'une *tierce majeure*, d'une *quarte augmentée* et d'une *sixte augmentée*. Il se chiffre par $\begin{smallmatrix}\sharp 6\\ \sharp 4\\ 3\end{smallmatrix}$ ou $\begin{smallmatrix}\natural 6\\ \natural 4\\ 3\end{smallmatrix}$, selon le cas.

142 – Il se pose sur la sixième note du mode mineur. On peut l'employer dans le mode majeur, mais alors on baisse la sixte d'un demi-ton.

143 – Son premier renversement se pose sur la tonique ; il se compose : d'une *tierce mineure*, d'une *quarte augmentée* et d'une *sixte mineure*. Il se chiffre par $\sharp\begin{smallmatrix}6\\ 4\\ 3\end{smallmatrix}$. Lorsqu'on emploie la quinte juste avec la

quarte augmentée, il se compose d'une seconde majeure, d'une quarte augmentée et d'une sixte mineure. Il se chiffre par $\# {}^{6}_{4}{}_{2}$

144 _ Le second et le troisième renversement de cet accord ne se pratiquent point.

145 _ Il se résout régulièrement sur l'accord parfait de la dominante et forme demi-cadence; il peut se résoudre aussi sur l'accord parfait mineur dans son second renversement : il forme cadence parfaite.

Avec la quinte juste, la basse de cet accord descend d'un demi-ton; la tierce descend d'un demi-ton; la quinte descend d'un demi-ton, et la sixte augmentée monte d'un demi-ton. Avec la quarte augmentée, la basse descend d'un demi-ton; la tierce descend d'un demi-ton la quarte augmentée monte d'un demi-ton ou reste à sa place; selon le cas de cadence parfaite avec la $^6_4$ ou de demi-cadence.

Résolution de l'accord de sixte augmentée avec la quinte juste ou la quarte augmentée.

Etat direct.

A B

avec la 5te juste avec la 4te aug:

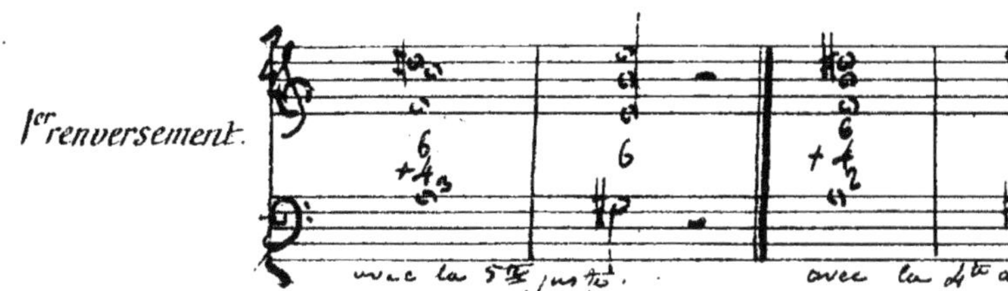

146 — Les deux quintes de suite, qui ont lieu dans l'exemple ci-dessus A B, ne sont tolérées qu'entre la basse et une partie intermédiaire; conséquemment la première et la seconde position de cet accord sont seules praticables.

Chapitre V.

Des marches de septièmes.

§ 1er.

147 — Les marches de septièmes sont produites par une basse procédant par quinte et quarte (56). Le premier et le dernier accord sont parfaits et dans leur état direct.

148 — Les septièmes doivent être préparées et résolues.

149 — On peut les employer dans leurs renversements et à toutes les positions.

150 _ Marches de septièmes de dominante formant suite de cadences évitées. État direct et renversements.

Ces marches se pratiquent à toutes les positions.

§ II.

Marches alternées.

151 — Ces marches se composent d'accords parfaits majeurs et mineurs alternés. Elles s'emploient à l'état direct, aux renversements et à toutes les positions.

1re Formule — État direct — La basse descend de quinte et monte de quarte. Chiffres : 3 - 7 - 3 - 7 - 3, etc.

2me Formule — 1er Renversement — La basse descend de tierce et monte de seconde. Chiffres : 3 - $\frac{6}{5}$ - 3 - $\frac{6}{5}$ - 3, etc. Elle se termine par une cadence parfaite.

3me Formule — 2me Renversement — La basse reste à sa place - descend de seconde. Chiffres : 3 - $\frac{3}{4}$ - 3 - $\frac{3}{4}$ - 3, etc.

Elle se termine par une cadence parfaite.

4me Formule — 3me Renversement — Elle se pose sur la tierce d'un accord parfait majeur ou mineur. La basse reste à sa place; puis descend de seconde. Chiffres: 6-2-6-2-6-2-6, etc.

152 — Quand le premier accord de 7me de ces marches n'est pas de dominante, la dissonance doit être préparée.

§ III
Marches alternées modulantes.

153 — Elles se composent d'accords parfaits majeurs ou mineurs alternées avec des 7mes de dominante.

154 — Ces marches s'emploient à l'état direct dans leurs renversements et à toutes les positions.

1re Formule — État direct — La basse descend de quinte juste et monte de quarte juste. Chiffres: 3-7+3-7+3, etc.

2me Formule — 1er Renversement — La basse descend de tierce mineure et monte de seconde mineure. Chiffres: 3-$\frac{6}{5}$-3-$\frac{6}{5}$-3, etc.

3me Formule — 2me Renversemt — La basse reste à sa place, puis descend de seconde majeure. Chiffres: 3-$\frac{3}{4}$×-3-$\frac{3}{4}$×-, etc.

4me Formule — 3me Renversemt — Elle commence par un accord de 6te; la basse procède par demi-tons en descendant. Chiffres: 6-2+-6-2+-6-2+-6, etc.

154 — On peut créer des marches unitoniques ou modulantes avec tous les accords de septièmes.

Chapitre VI.

Des notes de passage dans les accords dissonants.

(Voyez le § 2 du Chapitre III, page 21).

Chapitre VII.

§ 1er.

Des dissonances artificielles.

156 – Par dissonances artificielles on entend celles qui ne sont pas constitutives d'un accord dissonant quelconque, mais celles qui résultent du retard, de la suspension, de la prolongation ou de l'anticipation d'une ou plusieurs notes d'un accord consonant ou dissonant.

157 – Les dénominations retard, suspension, prolongation ont le même sens; par exemple: la quarte retarde la tierce, suspend la tierce en retardant la quarte, et enfin prolonge la quarte en retardant la tierce. Ces dénominations diverses manquent de précision, nous nous tiendrons à une seule, les retards.

158 – La seconde (à la basse) retarde la fondamentale; la 3ce retarde la seconde; la 4te retarde la tierce; la 5te retarde la quarte; la 6te retarde la quinte; la 7me retarde la sixte; enfin la 9ème retarde l'8ve.

(Dans ce dernier cas, la dissonance doit toujours être en rapport de 9me avec la fondamentale).

Retards dans les accords consonnants.

159_ Les renversements d'accords consonnants fournissent aussi des retards à tous les intervalles.

Retards dans les accords dissonnants.

160 _ Les renversements d'accords dissonants donnent aussi des retards.

161 _ Tous les accords de 7mes fournissent des retards.

162 _ Dans l'accord de sixte augmentée, on retarde la sixte augmentée par la septième majeure.

163 _ Les retards sont simples quand on ne retarde qu'une seule note, ils sont doubles ou triples selon qu'on retarde deux ou trois notes simultanément.

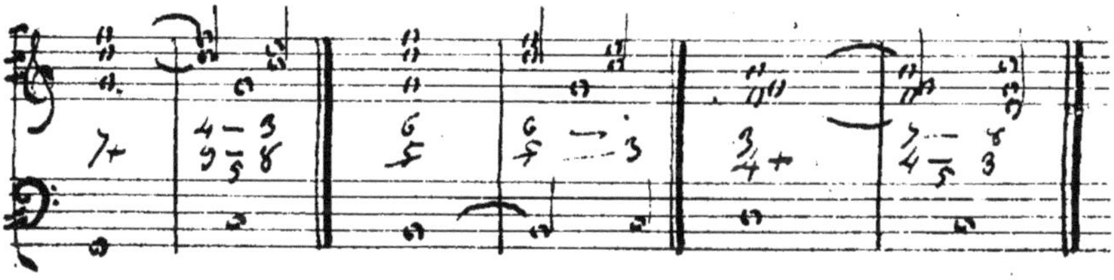

164 _ La note sensible peut quelquefois retarder l'octave de la tonique.

§ II.

Des anticipations.

165 _ L'anticipation est une note artificielle dont on fait peu d'usage. Sa valeur doit être brève. Elle

est toujours note réelle de l'accord qui la suit.

166 _ Les anticipations sont simples, doubles ou triples, selon que l'on anticipe un, deux ou trois sons d'un accord parfait ou dissonant.

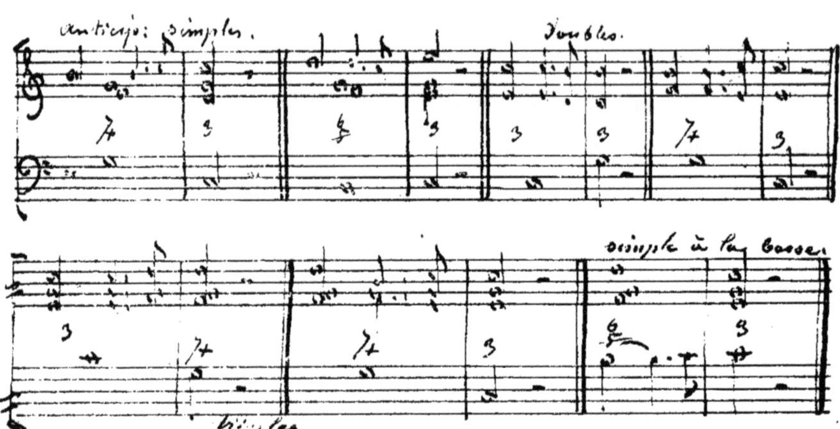

167 _ Les anticipations ont lieu à l'aigu, au grave et dans les parties intermédiaires.

§ III.

De la Syncope.

168 _ La syncope est un son dont la première moitié appartient à un temps faible de la mesure ou à la partie faible d'un temps.

169 _ La syncope est consonnante quand elle n'affecte que les notes réelles de l'accord.

170 _ Elle est dissonante quand sa seconde moitié, se résolvant en descendant d'un degré, retarde l'une des notes de l'accord.

171 — La syncope s'applique aux notes de passage et aux appogiatures.

172 — On peut faire des syncopes dans toutes les parties harmoniques : à l'aigu, à la basse et dans les parties intermédiaires séparément ou ensemble.

§ IV.
De la Pédale.

173 — La pédale est un son prolongé sur ou sous lequel on fait entendre une suite d'accords s'enchaînans selon les diverses lois de l'enchaînement.

174 — Il y a trois sortes de pédales : Les pédales *inférieures*, *intérieures*, *supérieures*.
Les pédales inférieures sont les plus usitées.

175 — On peut faire une pédale sur tous les degrés de la gamme ; mais elles se font principalement sur la *dominante* et sur la tonique.

Pédale de dominante :

Pédale de tonique inférieure :

Pédale de tonique intérieure :

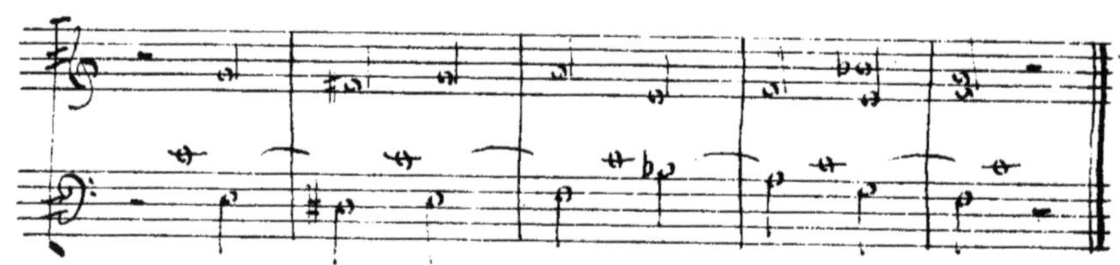

176 — L'accord sur lequel on termine une pédale doit la contenir comme note réelle.

177 — Une pédale est double quand le son qui la produit est redoublé à l'octave aigu ou grave.

Pédale supérieure et double.

Chapitre VIII.

De l'altération des accords et des résolutions partielles.

§ 1er

178 – Par altération des accords, on entend les diverses transformations qu'on peut leur faire subir, en altérant, au moyen du #, ♭, ou ♮, une ou deux de leurs notes réelles. C'est un des plus puissants moyens de modulation.

179 – Par résolutions partielles, on entend les transformations que subissent les accords dissonants, lorsqu'on ne résout qu'une ou deux de leurs notes réelles.

180 – En altérant par # ou ♮, selon que la clef du ton est armée de # ou de ♭, la fondamentale d'un accord parfait majeur, il devient accord de quinte diminuée. Si l'on altère par ♭ ou ♭♭ la tierce d'un accord parfait majeur, il se transforme en accord parfait mineur. Si l'on baisse la quinte d'un 1/2 ton en même temps ou un peu plus tard, l'accord devient quinte diminuée qui, à son tour, peut subir soit des altérations, soit une résolution partielle.

Ex:

Accord parfait majeur.

Accord parfait mineur.

181 — Les accords de 7mes, les 9mes, etc., peuvent tous subir des transformations ou des résolutions partielles.

7me de Dominante. Altérations.

de dom: de 2de mod. majr de 2de mode min: dimin: dimin.

Résolutions partielles.

182 — L'accord de septième de 7me de seconde (mode majeur) devient de dominante en montant la tierce d'un 1/2 ton. La sixte augmentée par enharmonie devient 7me de dominante et vice versa.

Le cadre restreint de cet opuscule ne nous permettant pas d'entrer dans des détails plus développés, nous renvoyons le lecteur à notre Grand Traité d'harmonie qui paraîtra sous peu, dans lequel nous donnons un exemple du plus grand nombre des altérations et des résolutions partielles pratiques.

Fin.

www.ingramcontent.com/pod-product-compliance
Ingram Content Group UK Ltd.
Pitfield, Milton Keynes, MK11 3LW, UK
UKHW021818190726
13853UKWH00003B/1053

9 782329 580517